BEI GRIN MACHT SICH IHR WISSEN BEZAHLT

AF152807

- Wir veröffentlichen Ihre Hausarbeit, Bachelor- und Masterarbeit

- Ihr eigenes eBook und Buch - weltweit in allen wichtigen Shops

- Verdienen Sie an jedem Verkauf

Jetzt bei www.GRIN.com hochladen und kostenlos publizieren

GRIN

Sprache erzählen zu Clemens Meyers "Glasscherben im Objekt 95"

Erzähltextanalyse

Lale Fröhlich

Bibliografische Information der Deutschen Nationalbibliothek:

Die Deutsche Nationalbibliothek verzeichnet diese Publikation in der Deutschen Nationalbibliografie; detaillierte bibliografische Daten sind im Internet über http://dnb.d-nb.de abrufbar.

ISBN: 9783389038185
Dieses Buch ist auch als E-Book erhältlich.

© GRIN Publishing GmbH
Trappentreustraße 1
80339 München

Druck und Bindung: Books on Demand GmbH, Norderstedt Germany
Gedruckt auf säurefreiem Papier aus verantwortungsvollen Quellen

Das vorliegende Werk wurde sorgfältig erarbeitet. Dennoch übernehmen Autoren und Verlag für die Richtigkeit von Angaben, Hinweisen, Links und Ratschlägen sowie eventuelle Druckfehler keine Haftung.

Das Buch bei GRIN: https://www.grin.com/document/1485048

FAU Erlangen-Nürnberg

Department Germanistik & Komparatistik

Hauptseminar: Lit AM - Stories, Formen und Medien der Erzählung in der Gegenwartsliteratur

Sprache erzählen zu Clemens Meyers „Glasscherben im Objekt 95"

Lâle Fröhlich

Inhaltsverzeichnis:

1. Einleitung

Die besondere Sprache Clemens Meyers in seinem Werk *Glasscherben im Objekt 95*, eine Erzählung, die 2017 in dem Buch *Die stillen Trabanten* erschienen ist, bildet das Zentrum dieser Arbeit. Meyer schafft es, wie kaum ein anderer Autor der Gegenwart, dem Leser durch seine Sprache intensive Emotionen und Stimmungen zu vermitteln, und diesen somit seine Erzählungen nicht vergessen zu lassen. Ganz gleich welches seiner Werke man liest, sei es *Die stillen Trabanten* oder *Glasscherben im Objekt 95*, noch lange nach dem Ende der Erzählung lässt die behandelt Thematik einen nicht los, sodass die Geschehnisse noch lange nachhallen. Fakt ist, dass Clemens Meyers Erzählungen den interessierten Leser nicht unberührt lassen können. Mit dieser besonderen Erzählweise gehen sicherlich auch Probleme einher, welche es genauer zu beleuchten gilt. Durch Meyers komplexe Erzähltechniken gewinnen seine Werke zwar an Gehalt und Qualität, doch zeitgleich wird auch bei so manchem Leser für Irritationen gesorgt, welche beispielhaft an der zu untersuchenden Kurzgeschichte veranschaulicht werden können: Gerade im Hinblick auf die variierenden Zeitdimensionen zwischen Gegenwart und Vergangenheit, welche innerhalb der Erzählung für den Leser schwer voneinander zu differenzieren sind, bietet die vorliegende Kurzgeschichte eine interessante Basis für Interpretationsansätze. Auch die Dialoge zwischen den beiden Protagonisten sind auf eine besondere Art und Weise dargestellt, was vor allem daher rührt, dass es sich bei diesen um eine Form der *interkulturellen Kommunikation* handelt. An dieser Stelle sei angemerkt, dass, wenn in dieser Arbeit von *interkultureller Kommunikation* die Rede ist, mehr die Schwierigkeiten, welche sich aus den Sprachvielfalten, denn diese, welche sich aus den Kulturunterschieden ergeben, gemeint sind. Da die Erzählung *Glasscherben in Objekt 95* auf inhaltlicher Ebene nur wenig kulturelle Unterschiede beschreibt, liegt das Augenmerk meiner Arbeit bezüglich der Kommunikation auf den sprachlichen Besonderheiten, in diesem Zusammenhang vor allem in Hinblick auf die Figurenrede. Clemens Meyers Erzählstil ist meines Erachtens von hervorstechenden Besonderheiten und Spezifika geprägt, welche im weiteren Verlauf dieser Arbeit genauer beleuchtet und analysiert werden sollen. Es gilt herauszufinden, was Meyer mit seiner Erzählweise suggerieren möchte, welche Emotionen durch seine spezifische Sprache vermittelt werden, und letztendlich auch, welche Rolle dem

Aspekt der interkulturellen Kommunikation hierbei zukommt. Die Handlung der Erzählung wird hierbei als Vorwissen vorausgesetzt.

2. Analyse und Interpretation

2.1 Grundlegendes – Profilierung des Erzählers (Fokalisierung)

Für die tiefgreifende Analyse und Interpretation der Erzählung ist es zunächst von Bedeutung, auf den Erzähler sowie die Erzählebene genauer einzugehen, da dieser zeitgleich den Protagonisten verkörpert und somit nicht unerheblich für die Gesamtdeutung der Erzählung ist. Es wird sich für die Profilierung des Erzählers *von Glasscherben im Objekt 95* an den *loci a persona* des antiken Rhetorikers Quintilian[1] orientiert. Es handelt sich bei dem Erzähler um einen homodiegetischen Erzähler, welcher, als Teil der erzählten Welt, als Protagonist in der Kurzgeschichte auftritt. Berichtet wird teils in der Gegenwart, teils aber auch rückblickend im Zuge einer Analepse. Erwähnenswert ist, dass der Leser einen Einblick in zwei Lebensphasen des Erzählers bzw. Protagonisten erhält: Zum einen in die Gegenwärtige, in welcher sich die Rahmenhandlung der Erzählung ereignet; und zum anderen in seine vergangene Lebensphase, die über zwei Jahrzehnte zurückliegt, und welche dem Leser im Zuge der Binnenhandlung in Form eines Rückblickes vermittelt wird. Im weiteren Verlauf meiner Arbeit werden diese Zeitdimensionen von großer Relevanz für die Analyse sein. Mit seiner besonderen Weise der Erzählerdarstellung schafft Meyer eine besondere Bindung des Lesers zum Geschehen. Durch die Wahl eines homodiegetischen Erzählers, dessen Diegesis einen realen Bericht mit autobiographischer Prägung aus der Perspektive der internen Fokalisierung beinhaltet, erschafft er einen autodiegetischen Erzähler, welcher laut Genette einen Warhheitsanspruch für das von ihm Erzählte erhebt[2]. Der Erzähler sagt somit nicht mehr, als seine Figur weiß, wodurch sich der Leser dem Geschehen unweigerlich näher, und dem Protagonisten verbunden fühlen kann. Auch die Wahl des Milieus des Protagonisten suggeriert eine ontologische Homogenität[3], da es realitätsnah geschildert wird und somit unserer Welt ontologisch ähnelt. Der Name des Erzählers

---

[1] Vgl. Lahn, Silke/ Meister, Jan Christoph: Wer erzählt die Geschichte? Parameter des Erzählers. In: Lahn, Silke/ Meister, Jan Christoph, Einführung in die Erzähltextanalyse. Stuttgart 2016, S. 76f.

[2] Vgl. Ebd., S. 80f.

[3] Vgl. Ebd., S. 238.

wird dem Leser jedoch nicht offenbart. Er wird von seinem Arbeitskollegen „die Zwölf"[4] genannt, und von Marika nur „kleiner Offizier"[5]. Mit Hilfe der Erzählerprofilierung gelingt es Meyer, dass der Leser sich leichter in den Protagonisten hineinversetzen kann und der empathische Perspektivwechsel durch die Realitätsnähe der Handlung somit besser zu gelingen vermag.

2.2 Spezifika der Erzählweise Clemens Meyers – Satzbau und Sprache

Clemens Meyers sanfter Schreibstil ist im Hinblick auf die Satzstruktur von Besonderheiten geprägt und unterstützt die durch seine Erzählungen vermittelten Inhalte und die dadurch beim Leser ausgelösten Emotionen maßgeblich. Bereits unmittelbar zu Beginn der Erzählung findet sich ein komplexer Satz mit mehreren Teilsätzen, welche allesamt asyndetisch, bzw. zusätzlich syndetisch, durch nebenordnende Konjunktionen wie beispielsweise *und* oder *aber*, miteinander verbunden sind[6]. Dieser Satzbau spiegelt unter anderem den Inhalt gekonnt wieder, denn der Protagonist erzählt an dieser Stelle von seinen endlos langen, öden Nächten auf seiner Arbeit, und davon, dass er diesen Beruf schon seit Jahrzehnten ausübe.[7] Diese Passage berichtet also von einer nicht enden wollenden Monotonie im Leben des Erzählers, welche durch die lange Satzperiode mit kurzen Teilsätzen unfassbar gut veranschaulicht wird. Bemerkenswert ist an dieser Stelle, dass der komplexe Satz, obgleich er so lang ist, keineswegs unübersichtlich erscheint. Dies lässt sich unter anderem darin begründen, dass die Teilsätze in sich geschlossen und einfach gestaltet sind, wodurch der Leser das Gefühl bekommt, durch eine Art Zeitraffung einen kurzen Überblick über die letzten Lebensjahre des Protagonisten sowie den gegenwärtigen Alltag zu erlangen. Diese zeitraffende Wirkung der von Meyer gewählten Satzstruktur trägt zusätzlich zu einer von Nostalgie und Melancholie geprägten Stimmung bei, welche sich durch die gesamte Kurzgeschichte zieht. Zahlreiche Wort- und Phrasenwiederholungen tragen zusätzlich dazu bei, dass die gesamte Erzählung von einer gewissen Nostalgie unterstrichen wird, da stetig auf bereits Gesagtes erneut verwiesen wird, bzw. dies erneut genauso wie zuvor geäußert wird. Zu Beginn beschreibt der Erzähler die Augen seiner Marika mit folgenden Worten: „Auch ihre

---

[4] Meyer, Clemens: Die stillen Trabanten. Erzählungen. Frankfurt am Main 2017, S.12f.
[5] Ebd., S. 36.
[6] Ebd., S. 10.
[7] Ebd., S. 29 sowie 36.

Augen waren hell, blau, wie ich später sah, aber manchmal schien es mir, später, wenn sie in Erinnerungen verschwand, dass ihre Augen dann dunkler wurden, sich dunkel öffneten und vergrößerten, wie die Farbe des Wassers sich ändert, wenn der Himmel zuzieht oder wenn es Abend wird."[8] Diese Beschreibung wiederholt er gegen Ende der Erzählung ein weiteres Mal, mit fast identischem Wortlaut: „Sie blickte mich an mit ihren großen Augen, deren Blau dunkler zu werden schien, so wie die Farbe des Wassers sich verändert, dunkler wird, wenn der Himmel zuzieht oder wenn es Abend wird."[9] Durch diese Wiederholung am Ende der Erzählung wird der Leser erneut an den Beginn erinnert, sodass die Erzählung in sich stimmig und abgerundet wird. Auch auf inhaltlicher Ebene bietet diese Beschreibung jedoch einen Informationsgehalt: Durch die romantisierende Metapher bzw. den Vergleich, in Zuge derer der Erzähler die Augen seiner Marika mit den Farbreflektionen des Wassers vergleicht, wird zugleich deutlich, in was für einer emotionalen Beziehung er zu ihr steht; nämlich in einer romantischen.

Doch nicht nur diese Passage beinhaltet eine solche Repetitio; am eklatantesten sticht die Wiederholung hervor, in welcher der Erzähler äußert, dass Marika *gar nicht da sei*. Damit meint er offenbar ihre geistige Abwesenheit, denn physisch ist sie in diesen Momenten immer bei ihm. Er formuliert dies jedes Mal ein wenig anders: „[…] aber ich sah, dass sie ganz woanders war."[10] oder „Denn sie ist woanders."[11] und „[…] war da etwas Fremdes und Kühles an ihr, war sie woanders […]"[12] sowie „Ich musste ihr nicht in die Augen sehen, ich wusste, dass sie wieder woanders war."[13]; allerdings bedeutet es immer dasselbe. Er äußert dies stets in Bezug auf Marika, einmal, zu Beginn der Erzählung, allerdings auch in Bezug auf sich selbst: „Auch der Hund spürte wohl, dass ich zwar an seiner Seite, aber doch ganz woanders war […]"[14]. Wie bereits weiter oben vermerkt, handelt es sich bei der durch die Erzählung vermittelten Grundstimmung um eine sehr melancholische und nostalgische. Neben den bereits erwähnten stilistischen Gestaltungsmitteln des Satzbaus, durch welche diese Stimmung suggeriert wird, hat auch der spezifische Sprachstil auf inhaltlicher Ebene einen erheblichen Einfluss auf

---

[8] Meyer: Die stillen Trabanten, S.20.
[9] Ebd., S. 35.
[10] Ebd., S. 25.
[11] Ebd., S. 25.
[12] Ebd., S. 32.
[13] Ebd., S. 32.
[14] Ebd., S. 17.

die Grundstimmung sowie Gesamtdeutung der Erzählung. Durch das häufige Wiederholen der Feststellung, dass stets eine der beiden Figuren der Erzählung geistig oder emotional gar nicht anwesend sei, hält Meyer dem Leser die Einsamkeit des Lebens und des eigenen Seins indirekt vor Augen. Denn dieser vom Erzähler getätigte Phraseologismus hält zum Nachdenken an. Ein aufmerksamer Leser würde sich vermutlich im ersten Moment beim Lesen denken: „Wieso ist sie nicht da, wenn er doch gerade bei ihr ist?", und würde kurz darauf zu der Erkenntnis kommen, dass Clemens Meyer an dieser Stelle stets von der geistigen, und nicht von der physischen Präsenz der Figuren spricht. Der Fakt, dass eine Person physisch anwesend und zeitgleich geistig abwesend, bzw. mit den Gedanken woanders ist, löst folglich etwas Trauriges und Melancholisches im Leser aus. Die Ursache hierfür ist der Umstand, dass man sich einsam fühlt. Und das Gefühl von Einsamkeit, obwohl man eigentlich nicht alleine ist, wiegt besonders schwer und kann der Auslöser für eine traurige, melancholische Stimmung sein.

2.3 die Figurenrede – der Aspekt der interkulturellen Kommunikation

Interkulturelle Kommunikation wird von Gerhard Maletzke wie folgt definiert: „Wenn Menschen verschiedener Kulturen einander begegnen, bezeichnen wir die Prozesse, die dabei ablaufen, als „interkulturelle Kommunikation" oder auch als „interkulturelle Interaktion".[15]

Eine solche interkulturelle Begegnung findet sich auch in *Glasscherben im Objekt 95*, als ein deutschsprachiger Wachmann auf eine russischsprachige Migrantin trifft. Wie bei nahezu jeder interkulturellen Begegnung, finden sich auch hier gewisse Anpassungsprozesse zwischen den Gesprächspartnern. Bei der Analyse der Dialogsituation zwischen dem Protagonisten und Marika, liegt der Fokus auf der verbalen (lexikalische, syntaktische und rhetorisch-stilistische Mittel) sowie para-verbalen (Sprechrhythmus, Pausen, Akzent) Kommunikation nach der Definition Boltens[16]. Bezüglich der verbalen Kommunikation der Figur Marikas fällt sofort auf, dass sie aufgrund ihres Migrationshintergrundes nicht im Stande ist, einen grammatikalisch korrekten deutschen Satz zu formulieren. Sie macht häufig

---

[15] Maletzke, Gerhard: Interkulturelle Kommunikation. Zur Interaktion zwischen Menschen verschiedener Kulturen. Opladen 1996, S. 37.

[16] Bolten, Jürgen: Interkulturelle Wirtschaftskommunikation. In: Walter, Rolf (Hg.), Wirtschaftswissenschaften. Eine Einführung. Paderborn 1997, S. 480.

Syntaxfehler, welche von Ellipsen geprägt sind und sich durch das Fehlen von Präpositionen, Konjunktionen, Verben, oder Artikeln sowie der Vermeidung von Nebensatzgefügen kennzeichnen. Einfachheitshalber formuliert sie überwiegend Hauptsätze und Parataxen. Zudem gebraucht sie vorzugsweise die Zeitstufe des Präsens. Die wichtigsten Merkmale Marikas verbaler Kommunikation lassen sich anhand folgendes Beispiels gut veranschaulichen: „[…] Hund braucht Name.[17]" Dieser Satz beinhaltet zwei Ellipsen, denn ihm fehlen jegliche bestimmte wie unbestimmte Artikel. Außerdem fehlt die Kasusreflexion bei dem Akkusativobjekt. Des Weiteren wird an einigen Passagen deutlich, dass Marika über keinen ausgeprägten deutschen Wortschatz verfügt, da sie viele Vokabeln nicht kennt und somit Wörter aus dem Russischen mit einbaut: „Was ist…scharfer Hund?" Sie verstand nicht.[18] Oder „[…] „dein Hund sehr…", sie überlegte. „Krasnaja […]"[19]. Auf para-verbaler Ebene erwähnt der Erzähler, dass sie mit russischem Akzent spricht. Auch auf non-verbaler Ebene kommuniziert sie häufig mit Gesten, um ihr Gesagtes zu veranschaulichen und besser zum Ausdruck zu bringen („Sie bewegte beide Hände durch die Luft, als würde sie gewaltige Berge formen, und dann legte sie ihre Handflächen aneinander, die Handrücken nach oben, als wäre dort, auf ihren Händen, am Fuß der Berge, in der Ebene, ihr Dorf, aus dem sie gekommen war.").[20] Im Dialog mit Marika fällt auf Seiten des autodiegetischen Erzählers auf, dass er seine Sätze bewusst einfacher und weniger komplex gestaltet. Er verzichtet auf lange hypotaktische Satzperioden, baut selbst auch Worte des Russischen mit ein („„Vielleicht", sagte ich, „moshet.'")[21], und formuliert teilweise elliptische Sätze („Ich hatte in Schule […]"[22]). Zudem reduziert er nicht nur die Komplexität seines eigenen Redestils, sondern passt ihn teilweise gänzlich an seine Dialogpartnerin an. Dies wird gerade in jenen Passagen deutlich, in denen er auf das Flektieren des Verbums verzichtet, und diese stattdessen im Infinitiv ausformuliert, genauso, wie es häufig bei Marika zu beobachten ist: „Du lachen über mich." „Nein, Marika, ich nie lachen über dich.[…]"[23] Dies rührt daher, dass Sprache unweigerlich vereinfacht wird, wenn wir spüren, dass unser Gegenüber dieser nicht

[17] Meyer: Die stillen Trabanten, S. 22.
[18] Ebd., S. 23.
[19] Ebd., S. 21.
[20] Ebd., S. 23.
[21] Ebd., S. 23.
[22] Ebd., S. 23.
[23] Ebd., S. 24.

vollumfänglich mächtig ist. Die folgende Komplexitätsreduktion des einen Dialogpartners äußert sich häufig, wie es auch in *Glasscherben im Objekt 95* der Fall ist, durch die Aneinanderreihung von Parataxen sowie die Vermeidung von Nebensatzgefügen[24]. Die Gestaltung der Figurenrede unterstützt das Motiv der Einsamkeit, welches die gesamte Erzählung prägt, auf gewisse Art und Weise zusätzlich; denn auch wenn der einsame Wachmann in Marika zwar eine Gesprächspartnerin gefunden hat, so handelt es sich bei dieser trotzdem um eine, welche ihm aufgrund der sprachlichen Differenzen nicht auf Augenhöhe begegnen kann.

3. Vergangenheit und Gegenwart

3.1 Gegenwärtigkeit in der Gegenwartsliteratur

„Die Gegenwart ist im Verhältnis zur Vergangenheit Zukunft, ebenso wie die Gegenwart der Zukunft gegenüber Vergangenheit ist.[25]"

Dieses Zitat des chinesischen Philosophen Lü Buwei beschreibt kurz und prägnant, was doch eigentlich komplex ist. Wann, besser *wie lange*, kann man von der Gegenwart sprechen, und wann gehört sie schon der Vergangenheit an? Diese Frage ist speziell im Hinblick auf Clemens Meyers Werk von Interesse , da in diesem die Grenzen zwischen Gegenwart und Vergangenheit stets zu verschwimmen scheinen. Regelmäßig berichtet er in seinen Erzählungen von geliebten Menschen aus der Vergangenheit, welche den Protagonisten erneut in deren Erinnerungen erscheinen, aber dabei so lebhaft echt wirken, dass man nicht immer zu unterscheiden vermag, inwiefern ihr Erscheinen imaginär ist, oder ob sie dem Protagonisten tatsächlich physisch manifestiert gegenüberstehen. Eben dies ist auch der Fall in *Glasscherben im Objekt 95,* als eine Begegnung des Wachmanns mit einer jungen Frau am Fenster Erinnerungen an seine alte Liebe in ihm weckt, welche sich in seinen Gedanken erneut so lebhaft vor ihm manifestiert, dass die Grenzen zwischen Gegenwart und Erinnerung zu verschwimmen scheinen. Doch ist seine Erinnerung nicht, just in dem Moment, in dem sie durch seine Gedanken wieder neu auflebt, wieder gegenwärtig? Kann man nicht zu dem Zeitpunkt, in dem der Wachmann in der Gegenwart gedanklich das

---

[24] Vgl. Tarone, Elaine: Communication Strategies, Foreigner Talk, And Repair In Interlanguage, In: Language learning 30(2), 1980, S. 420.

[25] Buwei, Lü: Das Weisheitsbuch der alten Chinesen. Frühling und Herbst des Lü Bu We. (Hg. Wilhelm, Richard) München 2006, S. 153.

Vergangene erneut erlebt, in Bezug auf das Vergangene erneut von Gegenwart sprechen? Denn er erlebt es ja gegenwärtig. Doch was ist schon gegenwärtig? Und was ist *Gegenwartsliteratur*? Und selbst in Hinblick auf Clemens Meyers Werk müssen wir uns die Frage stellen, inwiefern dieses überhaupt sprachlich korrekt als *Gegenwarts*literatur bezeichnet werden darf, da das Erscheinungsjahr der *stillen Trabanten* schon mehr als vier Jahre zurückliegt und somit bereits der Vergangenheit angehört. Jan Röhnert fasst das Dilemma mit der Gegenwart prägnant zusammen: „[…] so ist Gegenwartsliteratur notwendigerweise kein fester Zustand, also auch nicht auf einen fixen Begriff zu bringen, sondern ein offener, nicht festgestellter und weiterhin unabsehbarer Prozess. […] Das liegt in der Natur der Gegenwart, deren nicht festgestellter, offener Charakter – im Moment ihres Ergreifens zieht sie sich bereits in die Vergangenheit zurück – selber schon einen Anspruch an die literarische Ästhetik und die Schreib- und Streitkultur der Gegenwart stellt."[26] Obgleich anerkannt wird, dass es sich generell als schwierig erweist, von einer Epoche der *Gegenwart* zu sprechen, da sich diese im stetigen Wandel befindet, und schneller der Vergangenheit angehört, als wir meinen, hat sich der Begriff der *Gegenwartsliteratur* dennoch in unserer literarischen Gesellschaft etabliert. Daher ist es zwangsläufig notwendig, diese Kategorie einzugrenzen und von anderen Epochen abzugrenzen. Jan Röhnert postuliert, dass dass der Begriff der Gegenwartsliteratur nicht nur die gegenwärtig lebenden bzw. schreibenden Autoren beinhalte, sondern tiefgreifender noch „vielmehr das Feld von Autoren, welches für das Schreiben einer bestimmten Gegenwart, für das Was und Wie der geschriebenen Literatur als prägend, früher hätte man gesagt, als stilbildend empfunden wird?"[27] Auch die „extrinsischen" Kontexte und Ereignisse einer Epoche, wie beispielsweise aktuell Politik und Ökonomie, Kapitalismuskritik, Digitalisierung, Globalisierung, Konsumkultur und Geoökologie, haben einen erheblichen Einfluss auf die Literatur.[28] All diese Themen sind unserem Empfinden nach „aktuell" bzw. „gegenwärtig", da sie uns tagein tagaus beschäftigen. So könnte man im Umkehrschluss postulieren, dass alle Literatur, die sich mit eben diesen Themen realitätsnah und an den aktuellen Sprachstil angepasst, auseinandersetzt, und zeitgleich von Autoren unserer Zeit verfasst ist, als *Gegenwartsliteratur* zu

---

[26] Röhnert, Jan: „Gleichzeitig unkonzentriert, aber auch bereit, sich irgendwo zu fixieren." – Gegenwartsdiskurse in der deutschsprachigen Gegenwartsliteratur. In: Di Rosa, Valentina / Röhnert, Jan (Hg.), Im Hier und Jetzt. Konstellationen der Gegenwart in der deuschsprachigen Literatur seit 2000. Köln 2019, S. 16.

[27] Ebd., S. 15.

[28] Vgl. Ebd., S. 20f.

bezeichnen ist. Und im Hinblick auf diese Definition von *Gegenwartsliteratur*, kann das Werk Clemens Meyers, welches sich mit aktuellen Themen wie beispielsweise Migration, Krieg, Kultur und Religion beschäftigt, folglich auch in diese Epoche eingeordnet werden.

3.2 Die Wirkung der Zeitdimensionen

Nicht nur das Erzählen in der Homodiegese ist ausschlaggebend für die Wirkungsweise von Meyers Werk, sondern auch die für seinen Stil typischen Überblendungen der Zeitdimensionen. Die in dieser Arbeit behandelte Erzählung ist hierbei nicht die Einzige, welche von diesen Überblendungen geprägt ist. Auch in *Die stillen Trabanten* finden sich vermehrt variierende Zeitsprünge, was diese Gestaltungsform als Spezifikum in den charakteristischen Schreibstil Meyers einordnet. Diese Form der Zeitvermittlung hat einen erheblichen Einfluss auf die Wirkungsweise seiner Erzählungen. Durch unangekündigte Analepsen werden immer wieder vergangene Geschehnisse erzählt, welche häufig aufgrund ihres unvermittelten Auftretens im ersten Moment nicht als solche erkennbar sind. Dadurch wird die chronologische Ordnung der histoire im discours zeitweise unterbrochen, da im Zuge der Analepsen Rückblicke eingeblendet werden, welche in die Gegenwart überzugehen scheinen; Es entsteht eine Anachronie. Eine gute Veranschaulichung für eine solche Anachronie bietet folgende, und meines Erachtens wichtige Textpassage: „Ich strich über das weiche graue Haar des Beglischen Schäferhundes, der plötzlich wieder ein junger Belgischer Schäferhund war."[29] Diese Analepse führt den Leser in der Chronologie der Ereignisse viele Jahre zurück, wie sich im weiteren Verlauf der Erzählung zeigt, und umfasst daher eine sehr breite Spanne von erzählter Zeit. Sie leitet den großen Rückblick in Form einer Binnenerzählung mit explikativer Funktion ein, in Zuge derer die Begegnung und gemeinsame Vergangenheit des autodiegetischen Erzählers mit seiner Marika erzählt wird. Diese Analepse hat somit eine Reichweite von über 20 Jahren („Wie konnte sie es auch sein, unverändert und so jung, nach mehr als zwanzig Jahren."[30]) und einen Umfang von einigen Tagen. Die Tatsache, dass Reichweite und Umfang der Anachronie nicht identisch sind, weist darauf hin, dass hier keine lückenlos bis an die Gegenwart heranreichende Analepse

---

[29] Meyer: Die stillen Trabanten, S. 18.
[30] Ebd., S. 12.

vorliegt, sondern eine solche mit größeren Zeitabständen und Zeitsprüngen. Generell fällt auf, dass die gesamte Erzählung primär von solchen Anachronien durchzogen ist, welche keineswegs lückenlos erzählen. Es handelt sich stets um kurze oder lange Rück- /Vorausblenden, welche oft durch zeitliche Abstände voneinander getrennt sind. Gerade diese kurzen Anachronien (wie beispielsweise die Prolepse: „Später schenkte ich ihr eine Blume, die hatte eine lila Blüte."[31]) sind es, die der Erzählung ein noch realitätsnahes Bild vermitteln, denn wenn wir denken, so denken wir schließlich auch nicht in einem reinen, lückenlosen Gedankenstrang. Dies verleiht Meyers Erzählung zwar teilweise auch ein etwas unstrukturiertes Bild, welches jedoch bewusst so eingesetzt wird. Denn so bekommt der Leser umso mehr den Eindruck, die Erzählung wirklich von einem lebendigen Gegenüber erzählt zu bekommen, welches auch zwischendurch kurz pausiert und innerhalb der Chronologie zeitweise etwas springt. Zeitdimensionen scheinen für Meyer jedoch relativ zu sein, da die Figuren seiner Erzählungen allesamt innerhalb verschiedener Zeitabschnitte zu springen scheinen und kein Zeitgefühl haben, bzw. keinen großen Wert auf die Zeit zu legen scheinen: „[…] ich hatte es mir abgewöhnt vor zehn Jahren, können auch sieben oder acht gewesen sein, und wenn ich meine Schicht begann, die meist fünf oder sechs oder auch sieben Tage dauerte, [...]."[32] Auch in seiner anderen Erzählung mit dem Titel *Die stillen Trabanten* finden sich solche Infragestellungen der Zeit durch den autodiegetischen Erzähler, wie beispielsweise am Ende, wo es heißt: „Was ist schon gegenwärtig? Gegenwärtigkeit ist eine Legende und ein vollkommen falscher Begriff, wir befinden uns immer wieder woanders [...]."[33]

Meyers Schreibstil ist geprägt von einem Wechsel von summarischem und szenischem Erzählen, welcher einen gewissen „narrativen Grundrhythmus" suggeriert, welcher laut Martinez und Scheffel in fast jeder Erzählung vorzufinden ist[34]. Zudem ist die zeitliche Darstellung in *Glasscherben im Objekt 95* von Ellipsen geprägt, von denen eine im weiteren Verlauf der Erzählung, durch den Einschub einer Analepse, später als eine solche offenbart wird: „Sie hatte mich geküsst, bevor sie durch die Lücke zwischen Mauer und Zaun gekrochen war."[35] Hier erhält der Leser nachträglich eine

---

[31] Meyer: Die stillen Trabanten, S. 18.
[32] Ebd., S. 13f.
[33] Ebd., S. 159.
[34] Vgl. Martinez, Matias/ Scheffel, Michael: Einführung in die Erzähltheorie. 10., überarbeitete und aktualisierte Auflage. München 1999, S. 44.
[35] Meyer: Die stillen Trabanten, S. 27.

Information, die sich viele Stunden zuvor bereits ereignet hat. Die lückenhafte Erzählweise des autodiegetischen Erzählers wird auf diese Weise Stück für Stück gefüllt.

So lässt Clemens Meyer die Grenzen zwischen Vergangenheit und Gegenwart in seinem ihm eigenen, von Melancholie geprägten Stil verschwimmen.

4. Fazit

Die Begegnung mit der jungen Frau am Flüchtlingsheim hat in dem Wachmann erneut eine alte Erinnerung an seine vergangene Liebe aufleben lassen. Obgleich er sich darüber im Klaren ist, dass es sich bei der gegenwärtigen Begegnung nicht um seine alte Geliebte handeln kann, laufen Gegenwart und Vergangenheit in dieser Nacht ineinander. Die starken Emotionen lassen die Zeitstufen verschwimmen. Das Zurückliegende bewirkt die Wahrnehmung des Gegenwärtigen sowie dieses das Vergangene neu bewerten und emotional neu besetzen könnte. Clemens Meyer schafft es mit seiner sanften und ruhigen Erzählweise wie kein anderer, ungeahnte Emotionen im Leser zu wecken, und ihn gegenwärtige Themen in einem ganz neuen Licht erneut überdenken zu lassen. Die ganz besondere Profilierung des autodiegetischen Erzählers, welcher sowohl in der Gegenwart, als auch in der Vergangenheit als Protagonist erlebend berichtet, lässt den interessierten Leser tief in die Welt der *stillen Trabanten* eintauchen und das Erzählte gut nachempfinden. Auch Clemens Meyers besonderer Sprachstil scheint durch zahlreiche Wiederholungen etwas Beständiges, fast schon Beruhigendes auszustrahlen. In Kombination mit seinem hypotaktischen Satzbau schafft er eine ruhige und zugängliche Atmosphäre, welche seinen gesamten Erzählstil maßgeblich zu prägen scheint.

Die variierenden Zeitstufen, innerhalb derer im Zuge der Anapelsen und Prolepsen gesprungen wird, lassen tiefe und prägnante Emotionen, wie die des sich Verliebens, ineinander verschmelzen, und so bleibt der Leser mit der Frage zurück: Wird die Frau im Fenster, die Marika so ähnelt, die neue Liebe des Wachmanns werden? Nachdem der interessierte Leser *Glasscherben im Objekt 95* gelesen hat, bleibt er wahrscheinlich noch eine Zeit lang nachdenklich, und von einem positiven Gefühl der Nostalgie erfasst, vor dem Buch sitzen. Er wird wahrscheinlich die Handlung der Erzählung ein weiteres Mal überdenken und sich fragen wie es dem Wachmann nun weiter ergehen wird - ob er weiterhin einsam seinem eintönigen Beruf nachgehen wird, oder ob er vielleicht die große Liebe finden wird-. Doch ganz egal wohin die Fantasie des Lesers ihn führen wird, eins ist meines Erachtens sicher: Wer die Werke aus *die stillen Trabanten* gelesen hat, wird von deren Inhalten nicht unberührt bleiben.

5. Literaturverzeichnis

Monografien:

Maletzke, Gerhard: Interkulturelle Kommunikation. Zur Interaktion zwischen Menschen

verschiedener Kulturen. Opladen 1996.

Martinez, Matias/ Scheffel, Michael: Einführung in die Erzähltheorie. 10., überarbeitete

und aktualisierte Auflage. München 1999.

Meyer, Clemens: Die stillen Trabanten. Erzählungen. Frankfurt am Main 2017.

Buwei, Lü: Das Weisheitsbuch der alten Chinesen. Frühling und Herbst des Lü Bu We.

(Hg. Wilhelm, Richard). München 2006.

Beiträge in Sammelbänden:

Bolten, Jürgen: Interkulturelle Wirtschaftskommunikation. In: Walter, Rolf (Hg.),

Wirtschaftswissenschaften. Eine Einführung. Paderborn 1997. S.469-497.

Lahn, Silke/ Meister, Jan Christoph: Wer erzählt die Geschichte? Parameter des

Erzählers. In: Lahn, Silke/ Meister, Jan Christoph, Einführung in die

Erzähltextanalyse. Stuttgart 2016. S. 73-111.

Röhnert, Jan: „Gleichzeitig unkonzentriert, aber auch bereit, sich irgendwo zu fixieren."

– Gegenwartsdiskurse in der deutschsprachigen Gegenwartsliteratur. In: Di

Rosa, Valentina / Röhnert, Jan (Hg.), Im Hier und Jetzt. Konstellationen der

Gegenwart in der deutschsprachigen Literatur seit 2000. Köln 2019. S. 13-21.

Zeitschriften:

Tarone, Elaine: Communication Strategies, Foreigner Talk, And Repair In

Interlanguage, In: Language learning 30(2), 1980, S.417-428.

BEI GRIN MACHT SICH IHR
WISSEN BEZAHLT

- Wir veröffentlichen Ihre Hausarbeit,
  Bachelor- und Masterarbeit

- Ihr eigenes eBook und Buch -
  weltweit in allen wichtigen Shops

- Verdienen Sie an jedem Verkauf

Jetzt bei www.GRIN.com hochladen
und kostenlos publizieren